Seu Filho e a Astrologia
ESCORPIÃO

Maite Colom

Seu Filho e a Astrologia
ΕSCORPIÃO

Tradução
Claudia Gerpe Duarte
Eduardo Gerpe Duarte

Divulgação

Editora Pensamento
SÃO PAULO

Título original: *Tú y Tu Pequeño Escorpión*.
Copyright © 2012 Atelier de Revistas/Maite Colom. www.ateliermujer.com.
Direitos de tradução mediante acordo com Zarana Agencia Literaria.
Copyright das ilustrações © Thinkstock.
Copyright da edição brasileira © 2016 Editora Pensamento-Cultrix Ltda.
Texto de acordo com as novas regras ortográficas da língua portuguesa.
1ª edição 2016.

Todos os direitos reservados. Nenhuma parte deste livro pode ser reproduzida ou usada de qualquer forma ou por qualquer meio, eletrônico ou mecânico, inclusive fotocópias, gravações ou sistema de armazenamento em banco de dados, sem permissão por escrito, exceto nos casos de trechos curtos citados em resenhas críticas ou artigos de revista.

A Editora Pensamento não se responsabiliza por eventuais mudanças ocorridas nos endereços convencionais ou eletrônicos citados neste livro.

Editor: Adilson Silva Ramachandra
Editora de texto: Denise de Carvalho Rocha
Gerente editorial: Roseli de S. Ferraz
Preparação de originais: Marta Almeida de Sá
Produção editorial: Indiara Faria Kayo
Assistente de produção editorial: Brenda Narciso
Editoração eletrônica: Join Bureau
Revisão: Vivian Miwa Matsushita

Dados Internacionais de Catalogação na Publicação (CIP)
(Câmara Brasileira do Livro, SP, Brasil)

Colom, Maite
  Seu filho e a astrologia: escorpião / Maite Colom; tradução Claudia Gerpe Duarte, Eduardo Gerpe Duarte. – São Paulo: Pensamento, 2016.

  Título original: Tú y tu pequeño escorpión.
  ISBN 978-85-315-1930-7

  1. Astrologia 2. Astrologia esotérica 3. Horóscopos 4. Zodíaco I. Título.

16-01434   CDD-133.52

Índice para catálogo sistemático:
1. Signos do Zodíaco: Astrologia   133.52

Direitos de tradução para o Brasil adquiridos com exclusividade pela
EDITORA PENSAMENTO-CULTRIX LTDA., que se reserva a
propriedade literária desta tradução.
Rua Dr. Mário Vicente, 368 – 04270-000 – São Paulo – SP
Fone: (11) 2066-9000 – Fax: (11) 2066-9008
http://www.editorapensamento.com.br
E-mail: atendimento@editorapensamento.com.br
Foi feito o depósito legal.

Sumário

Como é o seu filho escorpiano? 7

Conheça melhor o seu escorpiano 11

    Seu caráter 15
    Sua aparência.................................... 17
    Ele gosta de andar na moda?................. 17
    Como ele é na sala de aula?.................. 18
    O que ele gosta de comer? 18
    Esportes e *hobbies*............................. 19
    Seu futuro profissional 19

Como você se relaciona com o
seu filho escorpiano 21

    Se você é de Áries 22
    Se você é de Touro 24

Se você é de Gêmeos 26
Se você é de Câncer 28
Se você é de Leão 30
Se você é de Virgem 32
Se você é de Libra 34
Se você é de Escorpião 36
Se você é de Sagitário 38
Se você é de Capricórnio 40
Se você é de Aquário............................. 42
Se você é de Peixes................................ 44

Como é o seu filho escorpiano de acordo com o horóscopo chinês 47

Se o seu escorpiano é de Rato.................... 49
Se o seu escorpiano é de Boi 53
Se o seu escorpiano é de Tigre 57
Se o seu escorpiano é de Coelho 61
Se o seu escorpiano é de Dragão 65
Se o seu escorpiano é de Serpente 69
Se o seu escorpiano é de Cavalo 73
Se o seu escorpiano é de Cabra 77
Se o seu escorpiano é de Macaco 81
Se o seu escorpiano é de Galo.................... 85
Se o seu escorpiano é de Cão..................... 89
Se o seu escorpiano é de Javali 93

Como é o seu filho escorpiano?

♍

É uma criança incansável e muito inquieta, porém ao mesmo tempo bastante sensível, amorosa e suscetível. Apesar de parecer muito serena e tranquila por fora, por dentro é impulsiva e muito emocional. Essa criança de olhar hipnótico é muito vulnerável às disposições de ânimo e aos ambientes, captando-os em um instante. Se não estiver em um ambiente agradável, poderá perder a calma. Embora saiba claramente o que quer desde bem pequena, é difícil descobrir o que ela está precisando quando chora, já que qualquer coisinha lhe causa uma alteração, ao mesmo tempo que desperta a sua curiosidade.

A criança de Escorpião tem uma personalidade forte e cativante que ela deixa reluzir praticamente desde que nasce. Ela aprenderá tudo muito rápido, principalmente a andar. É bastante impulsiva e voluntariosa quando o assunto lhe interessa; caso contrário, costuma se manter firme em suas decisões e não há maneira de fazê-la obedecer.

Como tem muita energia, é preciso tentar mantê-la entretida, tanto mental quanto fisicamente. Ela precisa de brincadeiras que estimulem a concentração e a análise, mas, como ela adora investigar, é necessário vigiá-la constantemente porque qualquer coisinha atrairá a sua atenção, inclusive nos cantos mais inesperados. Pode ser ciumenta e possessiva com os seus brinquedos, e não gostará de compartilhá-los enquanto não começar a ter certa confiança nas outras crianças.

Conheça melhor o seu escorpiano

♍

Ele é meio adivinho, guarda muito bem os segredos, é leal, intenso, reservado, voluntarioso e tem um caráter forte, assim como é discreto e prudente, porém muito ambicioso. Tem uma habilidade especial para captar o que está mais oculto nas pessoas e investigar os sentimentos ou pensamentos secretos delas. É difícil que alguém o decepcione porque o seu filho é muito perceptivo na hora de identificar o pensamento e as intenções dos outros (por isso ele pode sentir aversão por uma pessoa sem conhecê-la embora você a ache extremamente simpática). Por isso será melhor que você confie nas intuições do seu filho.

Ele é cativante, incansável e apaixonado, mas se isola com facilidade: liga o iPod e não existe mais ninguém no planeta. Dificilmente ele esquece ou perdoa, mas ninguém vai ser informado disso. Ele tem certa dificuldade em se abrir com os outros porque tem muita habilidade para se controlar e não mostrar a sua vulnerabilidade. Pode dar a impressão de que é misterioso, mas ele realmente tem magia e uma grande intuição.

Sua mente é ágil e analítica, ele é irônico, talvez até sarcástico, e o que diz frequentemente tem segundas intenções, porque no fundo ele adora provocá-la. Não vai deixar de falar nada. Gosta do que é difícil e proibido. Ou é muito odiado ou é muito querido; às vezes é medroso e outras vezes muito valente, às vezes compassivo e outras vezes, vingativo, dependendo muito das suas impressões, que costumam estar certas. É imprevisível. Tem nervos de aço em situações tensas. O seu caráter é como seus olhos, profundos e penetrantes, e as suas respostas são afiadas e chocantes. É difícil que fale de si mesmo (ou das suas intenções ou inclinações). É muito discreto e normalmente anda calado (até que solta grandes verdades no momento menos esperado). Embora não aparente, quase não se intimida.

Seu caráter

GOSTA: que respeitem a sua intimidade, que levem em conta a sua opinião, assim como aprecia o oculto, investigar e analisar psicologicamente, e, acima de tudo, a fidelidade e a lealdade.

NÃO GOSTA: das coisas superficiais e da falta de fidelidade; nem de discussões e de confusões. Não suporta que tirem sarro com a cara dele, mesmo que de brincadeira.

ASPECTOS NEGATIVOS: ânsia de vingança, reserva excessiva, ciúme, destrutividade, manipulação, necessidade de controlar, sarcasmo, orgulho, cinismo mordaz.

CONTRASTES: original, decidido e discreto, porém dominante e egoísta.

CORES: vermelho, grená, preto, roxo, marrom-escuro.

ANIMAIS COM OS QUAIS SE IDENTIFICA: escorpião, aranha, águia, lagarto, lince, hamster.

PEDRAS: topázio, rubi, ametista, opala.

PLANETAS: Plutão e Marte.

Sua aparência

Cabelo escuro com tons avermelhados, muito abundante, frequentemente ondulado ou cacheado. Olhos intensos, perscrutadores e penetrantes. Boca sensual e queixo bem marcado. Nariz proeminente ou aquilino. Sobrancelhas grossas e às vezes juntas. Estatura mediana, constituição resistente e corpo robusto. Pernas ligeiramente arqueadas. Andar determinado, enérgico e com um toque sensual.

Ele gosta de andar na moda?

Podemos encontrar o escorpiano completamente *fashion*, que é louco por roupas, gastando a sua mesada em tudo o que gosta e mais ainda, e também o escorpiano que não se interessa pela moda e anda na contracorrente. Pode ser o escorpião típico que sempre usa trajes escuros, se veste rigorosamente de preto, ou aquele que tem um estilo muito especial, extremamente sofisticado, mas que chama muita atenção porque, acima de tudo, ele desprende magnetismo. As tonalidades que mais o favorecem ou que ele mais usa são os tons escuros de vermelho, preto, marrom, grená e roxo...

Como ele é na sala de aula?

É muito observador, parece muito tranquilo e inofensivo, não costuma fazer perguntas, mas, quando menos se espera, ele se solta, faz intriga ou se põe a estudar e passa direto em todas as matérias quando tudo parecia perdido... Tem muito poder de concentração quando quer e lhe interessa. Ele luta (pelo que quer) e reclama bastante, mas só com algumas pessoas; tem dificuldade em obedecer, principalmente se percebe que o professor não tem um bom nível (o que ele costuma detectar no primeiro dia de aula). Não suporta pessoas lentas, mas sabe ter paciência. Ele se entrega totalmente ao que lhe agrada, e somente a isso. Não perdoa nada, e isso o prejudica. Nunca costuma pedir ajuda.

O que ele gosta de comer?

Ele gosta de comer coisas novas e raras, de sabores intensos, de misturar e experimentar pratos. No entanto ele come de acordo com a sua disposição de ânimo. Ele tem ideias fixas e as suas preferências. Se não gostar de alguma coisa, ele não dirá nada, e a esconderá no bolso.

Aprecia as carnes vermelhas, as aves, batata, crustáceos, arroz, massas ou saladas em geral, tudo com um sabor forte e principalmente acompanhado de pão.

Esportes e hobbies

Ele adora a água, e se o mar estiver agitado, melhor ainda. Tem uma grande força de vontade e é disciplinado para o que deseja. Não vai à academia para se divertir, mas sim para mostrar para si mesmo do que é capaz. Prefere fazer as coisas sozinho e não gosta que o incomodem, porque assim tem uma maior capacidade de concentração. Os seus esportes favoritos podem ser: mergulho, levantamento de peso, corrida, caratê, ciclismo, caiaque, futebol... O seu *hobby* envolve algo que lhe acalme os nervos: fazer maquetes, pintura, histórias em quadrinhos, escultura, leitura, fazer compras ou colecionar alguma coisa.

Seu futuro profissional

As profissões adequadas para os nascidos sob o signo de Escorpião são: engenheiro, cirurgião, médico, cientista, advogado, escritor, psiquiatra, psicólogo, parapsicólogo, médico legista, detetive ou policial. Muitos escorpianos são profissionais de vendas, banqueiros, corretores da bolsa, peritos, tabeliães, engenheiros, militares e açougueiros. A sua mente perspicaz e a sua ânsia de investigar fazem com que ele consiga se aprofundar muito, e ele tem uma grande habilidade para descobrir o que está oculto.

Como você se relaciona com o seu filho escorpiano

Se você é de Áries

Você é extremamente dinâmica, forte e resistente, generosa e, às vezes, hiperativa. Parece que exige muito do seu filho, não tem medo das queixas ou faniquitos dele e só deseja o melhor para ele. Você tem muita energia, nunca se cansa de repetir várias vezes as mesmas coisas. Defende intensamente o seu filho e sabe resolver com doses de realismo os pequenos problemas dele. Você tem grandes expectativas e, às vezes, é difícil de agradar. Você é uma mãe dedicada, disposta a tudo para que o seu filho se sinta bem. Porém, acima de tudo, você incentiva o seu filho a ser independente, a não precisar de ninguém.

Você o ensina naturalmente a ser autossuficiente, independente, batalhador e ao mesmo tempo responsável.

O seu filho escorpiano sempre tentará fazer as coisas do jeito dele, e além disso ele colocará o seu amor à prova constantemente. Ele tem a tendência de procurar caminhos indiretos para conseguir o que quer, e você às vezes não tolerará muito bem essa atitude porque você é muito direta. O seu filho também é, mas ele tende a ocultar os sentimentos para depois revelá-los de supetão, o que às vezes poderá apanhá-la de surpresa.

Combinação Fogo/Água:

O elemento Fogo não costuma ser compatível com o elemento Água, porque neste tudo flui por dentro. A relação não será fácil, embora você deseje isso intensamente. A mãe do signo de Fogo não compreenderá as manhas do seu filho do elemento Água, e ele achará que você é muito ativa e exigente demais.

Se você é de Touro

Você é disciplinada, cuidadosa e tranquila, econômica, e está sempre pensando no dia de amanhã. Nunca faltará nada na sua casa, nem para o seu filho nem para os amigos dele. Você talvez seja um pouco possessiva e excessivamente protetora com relação a ele, e é difícil fazê-la mudar de opinião. Você se importa muito com a educação do seu filho e pode pressioná-lo em excesso. Além disso, você é persistente, a sua paciência é infinita, à prova de bombas e chiliques. A sua casa precisa estar arrumada e o quarto do seu filho também, senão o seu mau humor se fará presente. Você defende os seus contra tudo e todos.

Você ensina naturalmente ao seu filho valores como a perseverança, a paciência, o amor pelos animais e pela natureza, e o ensina a valorizar as pequenas coisas da vida.

O seu filho escorpiano é inteligente, complexo, profundo e tão teimoso quanto você pode ser, e por isso poderá haver conflitos. Ele também colocará o seu amor à prova, principalmente se você tiver mais filhos, o que você poderá chegar a entender. O amor forte que você sente por ele e a sua grande persistência o ajudarão a se sentir seguro e muito querido, mas ele sempre tentará provocá-la, porque os nascidos sob o signo de Escorpião gostam de situações-limite.

Combinação Terra/Água:

É uma combinação totalmente compatível. Mãe e filho se entenderão muito bem, inclusive porque quando um reclamar, pedir ou exigir, o outro cederá, e logo o inverso acontecerá. Sabem complementar-se e dar muito carinho um ao outro. A Terra transmite uma grande sensação de segurança à Água.

Se você é de Gêmeos

Você é divertida, falante, inquieta e agitada. Você é sociável e gosta muito de ficar ao telefone e de falar sobre qualquer assunto com o seu filho, esteja ele onde estiver. Você gosta de rir e dará boas risadas com as brincadeiras do seu filho, e é provável que se junte a elas. Adora sair para fazer compras com o seu filho, e para ele você é uma mãe bastante *fashion*. Parece que você o deixa fazer tudo, mas você tem um código de ética muito rígido, de acordo com o qual há coisas que você não aceita com facilidade. Por sorte, o seu filho pode falar com você a respeito de tudo, a qualquer hora, o que alimenta a confiança entre vocês.

Você ensina naturalmente o seu filho a se comunicar, a saber se impor, a negociar, a compartilhar ideias e experiências com todo mundo sem julgar ninguém.

O seu profundo e inteligente filho escorpiano é uma bomba emocional, e você deve lhe dar o tempo todo grandes doses de carinho; caso contrário, ele a colocará à prova ou a desafiará. Ele tende a não contar o que se passa até que não aguenta mais e explode, mas, graças ao seu dom comunicativo, você é capaz de ensinar a ele com perfeição a não ocultar as coisas e a não explodir no último minuto.

Combinação Ar/Água:

O elemento Água tem sentimentos intensos, costuma exigir muito afeto, é bastante apegado à casa e à família, e tudo isso às vezes é um pouco excessivo para o elemento Ar, que tentará sempre chegar a acordos inteligentes com o seu filho.

Se você é de Câncer

Você é a grande mãe do zodíaco. A família é a coisa mais importante para você. É um tanto possessiva e controladora, mas também muito dedicada ao seu filho e a toda a família. Você é como um porto seguro, sempre presente para o que o seu filho possa precisar. Talvez você seja um pouco rígida, impondo muita disciplina, e como, além disso, você tem uma memória prodigiosa, é difícil que deixe escapar as coisas ou que tentem bajulá-la. Mas você pode ter altos e baixos na sua disposição de ânimo, pode passar do bom humor ao mau humor em um piscar de olhos, o que talvez afete o seu filho ou faça com que ele não consiga compreendê-la inteiramente, conforme o signo dele.

Você ensina naturalmente o seu filho a ter sensibilidade, a desenvolver dons artísticos, a gostar de todo mundo da mesma maneira, a ter ambição e a conseguir o que quer sem pisar em ninguém.

Tanto você quanto o seu filho de escorpião precisam demonstrar intensamente seu afeto, sua paixão e suas emoções. Ele pode desafiá-la ou provocá-la, mas você entende perfeitamente o que ele sente, até que ele explode em faniquitos descontrolados. Aí, você não vai dar o braço a torcer, por mais que ele tente manipulá-la e maquinar mil maneiras de conseguir o que quer.

Combinação Água/Água:

Os dois elementos são iguais, têm os mesmos gostos, pensam a mesma coisa e se querem e se admiram intensamente. Foram feitos um para o outro, embora cada um goste de ter razão e impor suas próprias normas, e isso pode gerar algum conflito.

Se você é de Leão

Você é carinhosa, tem paixão pelo seu filho e o cobre de cuidados e atenção. Porém você tem uma personalidade muito forte e é autoritária; espera muito do seu filho e pode ser um pouco opressiva com ele. É exigente e controladora, não deixa passar nada, mas às vezes é muito afetuosa e o defende com unhas e dentes. Você impõe muita ordem e disciplina, mas é generosa. É criativa e certamente tem um *hobby* que vai compartilhar com o seu filho. Além disso, você adora se divertir. Você se cuida muito porque gosta de estar magnífica, e o seu filho assimilará isso, frequentemente disputando o banheiro com você.

Você ensina naturalmente o seu filho a se valorizar, a defender os seus valores e ele próprio, a ser autossuficiente e a estimular e desenvolver a criatividade.

Entre você e o seu filho haverá bastante amor e muitos conflitos. Ambos querem ter a última palavra em tudo, e isso você não vai permitir. Os nascidos sob o signo de Escorpião são muito profundos, de modo que frequentemente ele porá à prova o seu amor por ele. Como você é muito leal e carinhosa, você lhe oferecerá sem grandes problemas todo o amor que seu filho pode necessitar. Mas essa criança é propensa a ter segredos e chiliques e pode explodir por nada a qualquer instante.

Combinação Fogo/Água:

A Água costuma apagar o Fogo. Não é uma relação perfeita, porém não será impossível se você conseguir fomentar um equilíbrio. Se você não pressionar o seu filho nem tentar impor a ele suas vontades, conseguirá que ele ceda e não faça drama por causa de qualquer coisa.

Se você é de Virgem

Você é prática, organizada e metódica, embora, às vezes, muito nervosa e excessivamente preocupada com detalhes, o que o seu filho certamente não entende. No que depender de você, nunca faltará nada ao seu filho, porque você é detalhista e observadora. No entanto você não tolerará um mínimo de desordem ou de sujeira. Você é esforçada, não para quieta um instante e não costuma suportar ver o seu filho parado ou divagando. Em virtude de sua tendência para o perfeccionismo, você pode ser bastante crítica com ele. Entretanto, ao mesmo tempo, você se justifica e se responsabiliza por todos os problemas e sente culpa, porque costuma estar sempre receosa de que possa acontecer algo com ele.

Você ensina naturalmente o seu filho a ser organizado, a prestar atenção aos detalhes, a ter bom senso, a desenvolver o amor pela natureza e a se cuidar de uma maneira saudável.

Você sabe proporcionar ao seu filho uma base sólida, confiança e segurança. E ele criará com você uma conexão emocional muito forte, talvez intensa demais. Pode ser que o seu filho exija doses de afeto e atenções que você não terá muita paciência para lhe proporcionar de uma maneira tão constante. O seu filho não tolera bem as críticas, embora não lhe dê essa impressão, porque ele tem tendência a se calar.

Combinação Terra/Água:

Combinação de grande compatibilidade. Vocês têm gostos parecidos e, mesmo com algumas divergências, se complementam bem. O elemento Água pode ser extremamente dominante, algo que a mãe do signo de Terra sabe controlar sem ficar desesperada, como acontece com outros elementos.

Se você é de Libra

Você é refinada e cuidadosa, compreensiva, doce, porém firme. Você pode, às vezes, fazer ameaças verbalmente, mas não costuma pôr em prática os castigos, porque é do tipo que sempre oferece uma segunda oportunidade. Você procura compreender e ajudar em tudo o seu filho, porém muitas vezes você acredita ter razão e se torna inflexível. No entanto você não suporta brigas; prefere chegar a um acordo e fazer as pazes ou negociar. Acima de tudo, você procura a harmonia, quer que seu filho esteja bem cuidado, saiba que é amado e tenha uma esplêndida educação. Também é importante para você que o seu filho ande bem arrumado.

Você ensina naturalmente ao seu filho a arte da diplomacia, lhe ensina a desenvolver um forte sentido de justiça, sociabilidade, elegância, amor pelas artes e pelas ciências.

O seu filho escorpiano é emocionalmente muito intenso e um tanto ciumento, o que pode aborrecê-la. Pode ser difícil conviver com os ataques de raiva, os ciúmes e o secretismo dessa criança, embora você consiga lidar perfeitamente com isso. Esta criança é a personificação do desafio, mas a intensidade emocional dela só busca a segurança, e, desde que você lhe diga quanto a ama, ela se sentirá muito mais calma.

Combinação Ar/Água:

Essa combinação de elementos pode ser difícil de conduzir. A mãe do signo de Ar precisa de muita paciência e flexibilidade para lidar e controlar o caráter um tanto extraordinário e complicado da criança de Água. Conversar muito beneficiará a relação.

Se você é de Escorpião

Você é criativa, comunicativa e muito divertida. No entanto, não permite que discutam as suas regras. Nisso, você é muito rígida e rigorosa, embora seja muito generosa e dedicada ao seu filho. Cuida dele e o protege como ninguém, embora tente ensiná-lo a se defender e enfrentar sozinho os problemas que encontrar.

Você é exigente com os estudos dele e não suporta fraquezas. Percebe na hora quando o seu filho está passando por alguma dificuldade e corre para ajudá-lo. Você lhe ensinará muito bem como enfrentar os problemas. Alterna períodos de tranquilidade com outros de irritabilidade, o que seu filho talvez não entenda.

Você ensina naturalmente o seu filho a desenvolver o poder de convicção, ter domínio das emoções, a seguir as próprias regras e a não deixar que pisem nele.

Você amará com paixão o seu filho escorpiano e, em contrapartida, ele a amará intensamente. Vocês certamente terão frequentes conflitos e seria interessante que você não lhe impusesse limites muitos rígidos e muito menos que ele considere injustos. Acima de tudo, vocês têm que falar e falar. Além disso, ele não se deixará controlar com facilidade. Fica bastante aborrecido com o fato de você conhecê-lo tão bem, porque gosta de ter o seu cantinho secreto.

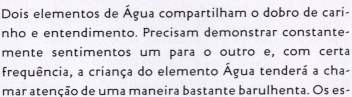

Combinação Água/Água:

Dois elementos de Água compartilham o dobro de carinho e entendimento. Precisam demonstrar constantemente sentimentos um para o outro e, com certa frequência, a criança do elemento Água tenderá a chamar atenção de uma maneira bastante barulhenta. Os escândalos serão frequentes.

Se você é de Sagitário

Você é aberta, compreensiva, sincera e íntegra. Talvez um pouco exagerada e distraída, e com tendência a dar muitos conselhos, mas é muito afetuosa e carinhosa. Sempre diz o que pensa, talvez com excessiva franqueza, algo que você deverá controlar para não magoar o seu filho. É muito brincalhona e costuma estar de bom humor, embora às vezes tenha alguns ataques de raiva. Com certeza, você fala mais de dois idiomas e adora viajar, algo que você vai estimular no seu filho, o que conferirá a ele muita liberdade, cultura e um senso ético e moral bastante sólido.

Você ensina naturalmente o seu filho a acreditar nos ideais dele, a formar uma ética e uma moral humanitária, a rir de si mesmo e desfrutar a vida.

O seu filho escorpiano é intensamente emocional. Por mais que vocês discutam e tenham grandes diferenças de pontos de vista, ele valoriza a sua grande franqueza e sua energia vital. Você sabe lhe dar o apoio emocional de que ele necessita por meio de atividades como o esporte ou a arte. Se você lhe impuser normas, explique sempre os porquês; caso contrário, ele se rebelará ou se fechará em seu próprio mundo.

Combinação Fogo/Água:

Não são, em princípio, elementos compatíveis, mas a união será profunda. Talvez a mãe do elemento Fogo seja excessivamente independente e individualista, algo que a criança de Água não tolerará muito bem, porque esta precisa de afeto e de que estejam constantemente "atrás dela". O amor e o carinho são pontos fortes com ela.

Se você é de Capricórnio

Você é exigente com o seu filho, mas também é muito carinhosa; obstinada, porém terna. Parece que não descansa nunca; você se levanta bem cedo e vai dormir tarde, para que nada falte a ele em nenhum momento. Você é um porto seguro para o seu filho, é muito responsável e habitualmente parece preocupada com tudo.

Espera muito do seu filho, já que você mesma é bem-sucedida e brilhante, planejadora e muito detalhista. Não costuma tolerar fraquezas e nem a desobediência. Além disso, você tem paciência e astúcia para conseguir o que quer. Você costuma desconfiar muito das companhias do seu filho.

Você ensina naturalmente ao seu filho como se defender e também a arte da paciência, da autodisciplina e, principalmente, que ele precisa unir a obrigação com o bom humor.

Você e o seu filho escorpiano são diferentes, mas se complementam perfeitamente. Vocês se entendem sem precisar falar nada. Seu filho pede porções de afeto, de intensidade emocional, que ele pode inclusive buscar por meio de faniquitos e discussões acaloradas a respeito de coisas absurdas. Você sabe estabelecer limites e conseguir que ele lhe obedeça, mas antes de tudo você precisa estimular muito a comunicação com ele desde bem pequeno.

Combinação Terra/Água:

É uma excelente combinação. A mãe do signo de Terra sabe acalmar e transmitir estabilidade, firmeza e muito amor para o seu inconstante filho do elemento Água, que costuma mudar incessantemente graças à sua infinita curiosidade e porque nunca parece terminar o que começa.

Se você é de Aquário

Você é amável e brincalhona, carinhosa e amigável, mas, embora pareça muito livre e tolerante, no fundo, você é bastante rígida; sempre quer saber o que se passa na cabeça do seu filho. Ele pode falar a respeito de tudo com você sem reservas, e você sempre está disponível para brincar. Você não é excessivamente protetora nem dominadora, mas está sempre atenta para que não falte nada ao seu filho, sem se estressar. Você é compreensiva e costuma ver o lado bom de todas as coisas, inclusive de uma travessura. Dará ao seu filho valores culturais, éticos, artísticos e, acima de tudo, humanos e humorísticos.

Você passa naturalmente ao seu filho valores como a amizade, a justiça social e a liberdade, desenvolve a criatividade inata dele e o ensina a ser independente.

O seu filho escorpiano é emocionalmente muito intenso e ao mesmo tempo bastante reservado, por isso é possível que não lhe conte tudo o que se passa na cabeça dele. Você não é muito emotiva, e ele chamará a sua atenção de uma maneira efusiva, com ciúmes ou manipulando situações, com chiliques ou gritarias. Você deve criar algumas normas e certa disciplina para que ele não tenha explosões o tempo todo.

Combinação Ar/Água:

A criança do signo de Água é muito amorosa, sensível e criativa, embora seja também bastante dispersa, volúvel e instável, algo que a mãe do elemento Ar também é. Consequentemente, você conseguirá compreendê-la quando os seus ritmos coincidirem, o que acontecerá com bastante frequência.

Se você é de Peixes

Você é muito generosa e dedicada ao seu filho, pouco disciplinadora e bastante carinhosa e compreensiva. Você se entrega completamente ao seu filho, mas deixa que ele faça o que tem vontade; você não o monopoliza e nem costuma reprimi-lo. Você tem uma imaginação poderosa e certamente se dedica a uma atividade artística, por isso costuma incentivar a criatividade do seu filho. Você não costuma discutir porque acha isso detestável. No entanto você passa rapidamente da alegria à apatia, o que o seu filho, às vezes, não consegue entender. Você estimulará nele a sensibilidade, o senso crítico e humano e a capacidade de sonhar.

Você ensina naturalmente o seu filho a ser sensível, a usar sem medo a intuição, e estimula a criatividade e os dons artísticos dele.

O seu filho escorpiano é um pouco complicado e precisa muito de afeto, embora poucas vezes o demonstre. No entanto, apesar das birras e dos faniquitos, vocês sentem uma intensa devoção um pelo outro. Você sabe respeitar a forte personalidade dele e lhe dá o afeto de que ele tanto precisa. Seu filho tem explosões de mau gênio que você consegue controlar com palavras agradáveis e carinhos, sem cair na vitimação.

Combinação Água/Água:

A compreensão, o amor e a empatia entre ambos serão mútuos e essa relação será algo natural e fácil. A criança do signo de Água, no entanto, pode às vezes se mostrar insegura e tentar chamar atenção inventando histórias para ter certeza de que a sua mãe continuará ali.

Como é o seu filho escorpiano de acordo com o horóscopo chinês

A astrologia chinesa leva em conta a Lua para elaborar o horóscopo (e não o Sol, como é o caso do horóscopo ocidental). Em vez de dividir o ano entre doze signos, os chineses usam um signo para cada ano. Em outras palavras, cada ano é regido por um animal que influencia fortemente o nosso caráter e o nosso destino. O ano chinês começa na primeira Lua Nova do ano (quando a Lua não aparece no céu).

Além de um animal, cada pessoa tem um elemento que lhe é associado. Os elementos são em número de cinco: Madeira, Fogo, Terra, Metal e Água. O Metal é poderoso e confere firmeza de caráter e força de vontade. A Água é sensível e outorga a desenvoltura da palavra. A Madeira proporciona criatividade e realismo. O Fogo confere dinamismo e impulso. E a Terra proporciona um caráter estável e prático.

Se o seu escorpiano é de Rato...

A criança nascida sob o signo do Rato tem um encanto natural, é esperta, inquieta, muito vivaz, dinâmica, ardilosa e bastante inteligente. Tem inclinação para as artes, a literatura e os esportes. Normalmente é tranquila e alegre, mas se irrita com muita facilidade e fica zangada quando não consegue o que quer, embora, por sorte, os chiliques logo passem.

À medida que você a vir crescer, notará também que ela irá adquirir certa capacidade de liderança e autoridade em um grupo. Na verdade, ela faz amigos com facilidade. Tem o poder de convicção e gosta de desafios; além disso, sabe escapar dos problemas com enorme facilidade.

Ela é comunicativa por natureza, grande oradora, às vezes tem a língua afiada. Costuma conseguir o que deseja graças ao seu dom da palavra. É afetuosa e passional e tem uma grande capacidade de aprendizagem e ânsia de saber. A sua mente é hiperativa.

É uma crítica genial e mordaz, mas tem muitas manias. Essa criança é dominada pela impaciência e é difícil para ela se adaptar ao ritmo lento dos demais por causa de sua grande rapidez nos reflexos físicos e mentais.

- Aspectos positivos: é alegre, amável, vivaz e generosa.
- Aspectos negativos: é fofoqueira e hiperativa.
- Compatibilidade: o Rato é compatível com o Boi, o Dragão e o Macaco, e nem tanto com a Cabra e o Javali.

O seu filho é de Rato se nasceu ou vai nascer nas seguintes datas:

- De 19 de fevereiro de 1996 a 6 de fevereiro de 1997: Rato de Fogo.
- De 7 de fevereiro de 2008 a 25 de janeiro de 2009: Rato de Terra.
- De 24 de janeiro de 2020 a 10 de fevereiro de 2021: Rato de Metal.

Se o seu escorpiano é de Boi...

A criança nascida sob o signo do Boi é sociável, tranquila, dócil, carinhosa e paciente, e também um pouco tímida com pessoas que não conhece bem. No entanto, uma vez que adquire confiança, ela logo fica à vontade, e como!

A sua natureza é despreocupada e, embora seja cumpridora dos seus deveres, no fundo é bastante comodista. Ela ama a boa vida e, apesar do seu caráter aprazível, costuma ter explosões de raiva (ou permanecer firme em sua opinião) quando não gosta de alguma coisa. Acima de tudo, precisa que a deixem tranquila para que possa fazer as coisas do seu jeito sem que a incomodem.

Você ficará surpresa com o seu espírito independente, firme e determinado. Ela gosta de mandar, mas é amável no tratamento às pessoas. Sabe se distrair sozinha e é bastante segura de si mesma. Além disso, é uma criança muito criativa, que aceitará de bom grado ou pedirá jogos de construção, de maquetes ou que envolvam a arte e a música. Enfim, tudo aquilo que possa enriquecer os seus cinco sentidos!

Ela gosta de bater papo, porém não é amiga de discussões ou polêmicas, as quais ouve, mas prefere guardar silêncio em relação a elas. Não tolera bem o estresse ou as mudanças bruscas.

- **Aspectos positivos:** é amável, confiável e sensata.
- **Aspectos negativos:** é teimosa e obstinada.
- **Compatibilidade:** se dá muito bem com o Rato, a Serpente e o Galo, e nem tanto com o Dragão, o Cavalo, a Cabra e o Coelho.

O seu filho é de Boi se nasceu ou vai nascer nas seguintes datas:

- De 7 de fevereiro de 1997 a 28 de janeiro de 1998: Boi de Fogo.
- De 26 de janeiro de 2009 a 13 de fevereiro de 2010: Boi de Terra.
- De 11 de fevereiro de 2021 a 31 de janeiro de 2022: Boi de Metal.

Se o seu escorpiano é de Tigre...

A criança nascida sob o signo do Tigre é muito ativa, direta e franca, batalhadora, aventureira, pouco amante da disciplina e da ordem, e não tolera injustiças (na sua concepção particular do bem e do mal). No entanto, por outro lado, é divertida, alegre, carinhosa, brincalhona, curiosa e passional.

Adora os desafios e os jogos de competição, e não gosta de perder. É incansável e precisa de liberdade de ação para explorar ou levar a cabo a ideia seguinte que lhe surja na cabeça (caso contrário, reclamará).

É rebelde e um pouco irritável porque se estressa com facilidade. Quando alguma coisa a contraria, ela se torna muito agressiva e fica na defensiva, sendo capaz de dar chiliques terríveis. Não tolera bem as ordens, mas gosta de dá-las.

Essa criança sabe se fazer respeitar devido ao seu magnetismo e seu ar de nobreza, além de ter uma grande capacidade de fazer amigos. É participativa e comunicativa, embora seja muito direta – ela vai diretamente ao ponto e diz tudo o que pensa. É teimosa, mas nem um pouco rancorosa.

- **Aspectos positivos:** é valente, leal, inteligente e persistente.
- **Aspectos negativos:** tende a não respeitar as normas, é orgulhosa.
- **Compatibilidade:** o Tigre se dá bem com o Cão, o Cavalo e o Javali. Tem algumas dificuldades com a Cabra e o Macaco.

O seu filho é de Tigre se nasceu ou vai nascer nas seguintes datas:

▹ De 29 de janeiro de 1998 a 15 de fevereiro de 1999: Tigre de Terra.

▹ De 14 de fevereiro de 2010 a 2 de fevereiro de 2011: Tigre de Metal.

▹ De 10 de fevereiro de 2022 a 20 de janeiro de 2023: Tigre de Água.

Se o seu escorpiano
é de Coelho...

A criança nascida sob o signo do Coelho é um poço de paz, busca sempre a harmonia (até que, com certeza, explode, e da pior maneira possível). Ela não gosta de surpresas nem de corre-corres, já que a tensão a deixa nervosa e ela pode se distanciar da realidade, submergindo no seu mundo à espera de que as coisas se resolvam sozinhas. É uma criança sociável, com talento artístico, muito fantasiosa. Adora entreter a família e os amigos.

Desde bebê, a criança de Coelho pode chorar muito e ser bastante apegada à mãe. Ela precisa e pede, aos gritos, a estabilidade e um ambiente harmonioso, assim como algumas rotinas. É uma criança extremamente sensível e carinhosa, muito tranquila, feliz e falante. Ao mesmo tempo hábil, sagaz e presunçosa, ela sabe se impor, embora seja de natureza prudente e tenha dificuldade em tomar decisões.

Ela se preocupa muito com as outras pessoas, é compreensiva e muito boa conselheira; sempre estará disposta a ajudar e escutar. Ela é como uma pequena ONG ambulante, muito bondosa, e você precisa ensiná-la a não ser ingênua.

Ela é muito autocrítica e tem dificuldade em aceitar os erros, tanto os próprios quanto os dos outros.

- **Aspectos positivos:** é divertida, carinhosa, brilhante e confiável.
- **Aspectos negativos:** é crítica e rancorosa.
- **Compatibilidade:** o Coelho se dá bem com a Cabra, a Serpente e o Javali. Ele tem certa dificuldade para se relacionar com o Rato e o Galo.

O seu filho é de Coelho se nasceu ou vai nascer nas seguintes datas:

▷ De 16 de fevereiro de 1999 a 5 de fevereiro de 2000: Coelho de Terra.

▷ De 3 de fevereiro de 2011 a 22 de janeiro de 2012: Coelho de Metal.

▷ De 21 de janeiro de 2023 a 8 de fevereiro de 2024: Coelho de Água.

Se o seu escorpiano é de Dragão...

A criança nascida sob o signo do Dragão é muito vivaz, impetuosa, inteligente e tem uma personalidade forte desde pequena, além de ser muito orgulhosa. Ela possui uma grande capacidade de liderança, bem como dons artísticos. De um modo geral, sabe conseguir o que quer graças às suas grandes habilidades sociais e porque é divertida, criativa e surpreendente.

A sua grande imaginação a leva, às vezes, a querer ficar sozinha para poder sonhar acordada. Não raro, ela dará a impressão de ter vindo de outro planeta. Ela própria costuma se sentir diferente das outras crianças.

Não suporta bem as rotinas, é uma criança escandalosa e inquieta, que poderia muito bem ser o rebelde da escola, embora, devido à sua grande ingenuidade, acabe sempre sendo perdoada, já que nunca age de má-fé. Ela é direta e segue em frente com a verdade, embora queira ter sempre razão. Apesar da sua natureza independente (praticamente desde o berço), ela se adapta a todos os tipos de ambiente e tende a se mostrar exatamente como é.

- Aspectos positivos: é íntegra, enérgica, resistente, leal e protetora.
- Aspectos negativos: adora chamar a atenção de qualquer jeito.
- Compatibilidade: o Dragão se dá bem com a Serpente, o Macaco e o Galo. No entanto, tem dificuldades em se relacionar com o Javali e o Cão.

> **O seu filho é de Dragão se nasceu ou vai nascer nas seguintes datas:**
>
> ▸ De 6 de fevereiro de 2000 a 24 de janeiro de 2001: Dragão de Metal.
>
> ▸ De 23 de janeiro de 2012 a 9 de fevereiro de 2013: Dragão de Água.
>
> ▸ De 9 de fevereiro de 2024 a 28 de janeiro de 2025: Dragão de Madeira.

Se o seu escorpiano é de Serpente...

A criança nascida sob o signo da Serpente é sensível, sedutora, intuitiva, muito vivaz e parece ter uma sabedoria inata. De fato, ela sempre pergunta os porquês de tudo e adora investigar e analisar todas as coisas, com bastante empenho. A sua curiosidade não tem limites, e ela possui um humor mordaz. Com poucas palavras, ela diz tudo.

Ela quer fazer as coisas do jeito dela, e por isso costuma escolher cuidadosamente os amigos. Só se cercará daqueles que realmente valham a pena. É um pouco desconfiada, porém muito astuciosa, tendo uma espécie de sexto sentido bastante desenvolvido.

Ela parece tranquila por fora, mas é muito agitada por dentro. Não gosta de sobressaltos, embora se adapte às mudanças, depois do faniquito habitual. É amante da ordem e exigente.

É um pouco rancorosa e pode ter um ataque de raiva com a pessoa que lhe cause um mínimo transtorno. Se não gosta de alguma coisa, não se deixará convencer de jeito nenhum, e se você insistir, ela explodirá violentamente. Ela tem muita força de vontade com relação àquilo que deseja.

- Aspectos positivos: é esperta e tem ideias claras, é autoconfiante e persistente.
- Aspectos negativos: não suporta falhar, é ciumenta.
- Compatibilidade: a Serpente se dá às mil maravilhas com o Coelho, o Galo e o Dragão. Não chega a se entender bem com o Cão e o Tigre.

O seu filho é de Serpente se nasceu ou vai nascer nas seguintes datas:

- De 25 de janeiro de 2001 a 11 de fevereiro de 2002: Serpente de Metal.
- De 10 de fevereiro de 2013 a 20 de janeiro de 2014: Serpente de Água.
- De 29 de janeiro de 2025 a 16 de fevereiro de 2026: Serpente de Madeira.

Se o seu escorpiano é de Cavalo...

A criança nascida sob o signo do Cavalo é muito tagarela desde bebê. É aberta, brincalhona, e precisa ter um grupo de amigos e permanecer ativa o tempo todo.

Ela é sincera, independente e espontânea, sabe se impor e costuma alcançar todos os seus propósitos, embora se distraia com facilidade. Quando algo a contraria, ela tem uns chiliques espetaculares. Quando perde a cabeça, ela se transforma em uma pessoa com pouca tendência a refletir; se mostra impetuosa e faz de tudo para conseguir o que deseja, embora sem nenhuma má intenção.

Ela luta pelo que quer e combate o que considera injusto, de modo que batalhas de todos os tipos estão garantidas. Ela adora estar envolvida em qualquer assunto e também gosta de oferecer a sua colaboração e atuar como mediadora em discussões alheias.

Além disso, ela gosta de se fazer notar, e o seu caráter agradável e a sua grande simpatia a tornam bastante popular. A sua facilidade com as palavras é extraordinária, mas não tem a mesma facilidade com relação à capacidade de escutar, pois costuma perder a paciência.

- Aspectos positivos: é popular, alegre, inventiva, tem reflexos rápidos.
- Aspectos negativos: é impetuosa e impaciente.
- Compatibilidade: o Cavalo se dá bem com o Tigre, a Cabra e o Cão. No entanto, tem menos afinidade com o Javali e o Boi.

O seu filho é de Cavalo se nasceu ou vai nascer nas seguintes datas:

- De 27 de janeiro de 1990 a 14 de fevereiro de 1991: Cavalo de Metal.
- De 12 de fevereiro de 2002 a 31 de janeiro de 2003: Cavalo de Água.
- De 31 de janeiro de 2014 a 18 de fevereiro de 2015: Cavalo de Madeira.

Se o seu escorpiano é de Cabra...

A criança nascida sob o signo da Cabra é tranquila, tolerante, carinhosa, criativa e tem certo ar fantasioso, graças à sua grande imaginação. Na realidade, ela possui um talento artístico extraordinário, bem como uma grande vontade de ajudar e ser útil. É uma criança hipersensível, que chora e se queixa por qualquer coisa, certamente preocupada com assuntos que não têm a menor importância para você.

Ela tem certo ar independente, não lhe incomoda ficar sozinha porque sabe se entreter perfeitamente. Não tolera bem os tumultos nem a pressão, e, sendo este o caso, ela sempre foge ou arma um circo. Ela pode ter dificuldade para se expressar e talvez exploda no momento menos esperado por ter aguentado demais.

Tem uma grande capacidade de compreensão, e por esse motivo costuma estar rodeada de muitos amigos, apesar de ser normalmente tímida a princípio. Ela precisa de contínuas demonstrações de carinho, porque só assim consegue se abrir. Não tolera bem as rotinas, a pressão ou as críticas, e também não gosta de conflitos; prefere a resistência passiva e os silêncios inquietantes.

- **Aspectos positivos:** é generosa, amável e discreta.
- **Aspectos negativos:** é mandona e indecisa.
- **Compatibilidade:** a Cabra costuma se relacionar bem com o Coelho, o Cavalo e o Javali, mas tem dificuldade para se entender com o Rato, o Boi e o Cão.

O seu filho é de Cabra se nasceu ou vai nascer nas seguintes datas:

▷ De 15 de fevereiro de 1991 a 3 de fevereiro de 1992: Cabra de Metal.

▷ De 10 de fevereiro de 2003 a 20 de janeiro de 2004: Cabra de Água.

▷ De 19 de fevereiro de 2015 a 7 de janeiro de 2016: Cabra de Madeira.

Se o seu escorpiano é de Macaco...

A criança nascida sob o signo do Macaco é sociável, compreensiva, curiosa, ágil, criativa e sabe conseguir o que deseja. É uma grande pensadora, amante da boa vida, independente, tem muita imaginação e um eterno senso de humor.

Tem facilidade para convencer as outras pessoas e também para resolver problemas graças ao seu talento e à sua habilidade para captar detalhes que os outros não percebem.

Sempre estenderá a mão a todos os que lhe parecerem precisar de ajuda, embora possa se meter onde não é chamada. Com frequência, não consegue parar quieta, e a curiosidade pode lhe causar vários inconvenientes. Ela capta e processa informações com extrema velocidade.

O seu ar inquieto, encantador e divertido faz com que ela conquiste as pessoas e as atraia para o seu terreno. É muito insolente e brincalhona; adapta-se sem dificuldade a qualquer ambiente; é camaleônica e um pouco atriz. Adora pregar peças e fazer travessuras, e quanto mais você a repreende, mais traquinices ela inventa.

- Aspectos positivos: tem reflexos rápidos, é divertida, criativa, tem grande capacidade de memória.
- Aspectos negativos: tende a fazer fofocas, sofre de falta de concentração.
- Compatibilidade: o Macaco se dá bem com o Boi, o Coelho e a Serpente. Tem problemas de comunicação com o Tigre e o Galo.

O seu filho é de Macaco se nasceu ou vai nascer nas seguintes datas:

> De 4 de fevereiro de 1992 a 22 de janeiro de 1993: Macaco de Água.

> De 21 de janeiro de 2004 a 7 de fevereiro de 2005: Macaco de Madeira.

> De 8 de fevereiro de 2016 a 27 de janeiro de 2017: Macaco de Fogo.

Se o seu escorpiano é de Galo...

A criança nascida sob o signo do Galo tem um encanto natural, um excelente senso de humor, é comunicativa, alegre e muito expressiva. Ela gosta de ser vista. É um tanto orgulhosa e tem dificuldade em ceder, mas é fácil lidar com ela. Ela adora compartilhar tudo e sabe conquistar a simpatia das pessoas, embora às vezes se comporte de uma maneira brusca com quem não concorda com as suas ideias.

É tranquila, sensata, alerta e curiosa, embora também seja muito sonhadora. Acima de tudo, ela ama a boa vida, mas ao mesmo é muito esforçada. Adora aprender coisas novas, mas, se estas não atraem o seu interesse, ela fica extremamente entediada ou se rebela diante delas. Ela pode se dispersar ou falar demais, ser muito direta e perder a diplomacia.

Ela interage com facilidade com as outras crianças e é muito complacente com todo mundo em geral porque é amável, sincera e escrupulosa. Tem grande capacidade de concentração e às vezes parece que analisa as pessoas através de raios X.

Não gosta de encrencas e prefere seguir as normas. Sabe analisar e resolver todo tipo de problema graças ao seu espírito prático e lógico.

- Aspectos positivos: é atenta, tem ideias profundas e comunica-se bem.
- Aspectos negativos: é desconfiada e egoísta.
- Compatibilidade: o Galo se relaciona bem com o Tigre, o Dragão e a Cabra. No entanto, não se dá tão bem com a Serpente, o Coelho e o Cão.

O seu filho é de Galo se nasceu ou vai nascer nas seguintes datas:

- De 23 de janeiro de 1993 a 9 de fevereiro de 1994: Galo de Água.
- De 8 de fevereiro de 2005 a 28 de janeiro de 2006: Galo de Madeira.
- De 28 de janeiro de 2017 a 14 de fevereiro de 2018: Galo de Fogo.

Se o seu escorpiano é de Cão...

A criança nascida sob o signo do Cão é muito sociável, intuitiva, inquieta, vaidosa, sabe dialogar e se mostrar coerente desde bem pequena. Sabe saltar em defesa de situações que considera injustas. Gosta que todo mundo se sinta bem e adora fazer brincadeiras.

Gosta de agradar os outros e entretê-los. Mesmo assim, o seu caráter não é fácil. É despreocupada, porém muito teimosa; quando coloca uma coisa na cabeça, faz o impossível (e inimaginável) para conseguir o que quer. Costuma ter acessos de raiva muito fortes por causa da sua teimosia, mas é uma criança que escuta a razão e a lógica.

Ela é muito instintiva e é uma boa organizadora. Tem o espírito altruísta e generoso, está sempre disposta a estender a mão para defender os amigos, os quais são muito importantes para ela. É confiável e sabe o que quer, embora às vezes se preocupe com assuntos sem importância. Não sabe mentir e tampouco faz uso de rodeios.

É muito criativa e consegue se entreter horas a fio, sabendo inclusive inventar as próprias brincadeiras.

- **Aspectos positivos:** é leal, aprende com rapidez e tem muita iniciativa.
- **Aspectos negativos:** é intransigente e obstinada.
- **Compatibilidade:** o Cão se dá bem com o Cavalo, o Boi e o Macaco. Entretanto, não consegue se relacionar bem com o Dragão e a Cabra.

O seu filho é de Cão se nasceu ou se vai nascer nas seguintes datas:

- De 10 de fevereiro de 1994 a 30 de janeiro de 1995: Cão de Madeira.
- De 29 de janeiro de 2006 a 16 de fevereiro de 2007: Cão de Fogo.
- De 15 de fevereiro de 2018 a 3 de janeiro de 2019: Cão de Terra.

Se o seu escorpiano é de Javali...

A criança nascida sob o signo do Javali é sincera e bondosa e tem muito senso de humor. Ela pega as coisas no ar, embora você tenha a impressão, em um primeiro momento, de estar falando com uma parede. Ela precisa brincar o tempo todo, é caseira e não gosta muito de multidões.

Ela não tem dificuldade para se socializar; é apenas um pouco tímida no início, mas se dá bem com todo mundo e sempre estende a mão à primeira pessoa triste que encontra. Por isso mesmo, por ela confiar muito nas pessoas, é preciso ensinar-lhe que nem todo mundo tem boas intenções.

É apaixonada por música e boa comida. Pode comer sem parar, portanto é preciso impor alguns limites quanto a isso.

Ela é bastante indecisa e ingênua, mas avança sempre com a verdade. Tem dificuldade para mudar e reflete demais sobre as coisas, com frequência perdendo oportunidades. É respeitosa e pacífica, não gosta de brigas e tende a evitar as confrontações. Não tolera bem as discussões e sempre procura fazer com que todo mundo se reconcilie. Além do mais, ela sabe como conseguir isso. Na verdade, ela sempre costuma conseguir o que quer.

- Aspectos positivos: é inteligente, sincera, corajosa, popular e amável.
- Aspectos negativos: é desligada e obstinada.
- Compatibilidade: o Javali se dá bem com a Cabra, o Coelho e o Cão. Tem pouca afinidade com a Serpente e o Rato.

O seu filho é de Javali se nasceu ou vai nascer nas seguintes datas:

- De 31 de janeiro de 1995 a 18 de fevereiro de 1996: Javali de Madeira.
- De 17 de fevereiro de 2007 a 6 de fevereiro de 2008: Javali de Fogo.
- De 4 de janeiro de 2019 a 23 de janeiro de 2020: Javali de Terra.

Impressão e Acabamento:
Vallilo Gráfica e Editora
graficavallilo.com.br | 11 3208-5284